U0907820

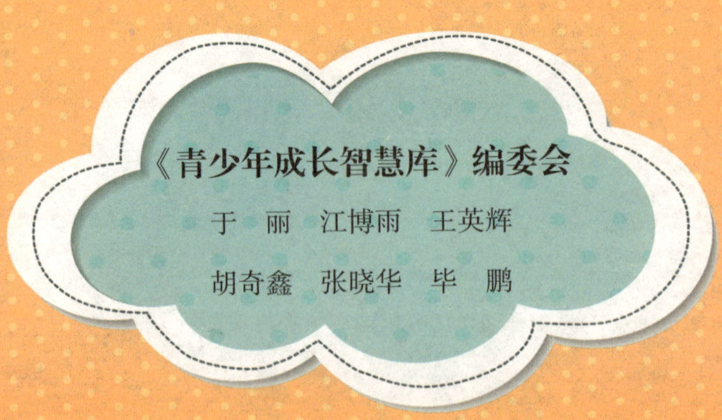

我最着迷的探索宝典

我最着迷的远古文明探索宝典

《青少年成长智慧库》编委会　编著

天津出版传媒集团

 天津科技翻译出版有限公司

图书在版编目（CIP）数据

我最着迷的远古文明探索宝典 /《青少年成长智慧库》编委会编著 . — 天津 : 天津科技翻译出版有限公司 ,2012.12（2021.7 重印）

（我最着迷的探索宝典）

ISBN 978-7-5433-3149-5

Ⅰ . ①我… Ⅱ . ①青… Ⅲ . ①远古文化－世界－青年读物②远古文化－世界－少年读物 Ⅳ . ① K11-49

中国版本图书馆 CIP 数据核字 (2012) 第 278446 号

出　　版：天津科技翻译出版有限公司
出 版 人：刘子媛
地　　址：天津市南开区白堤路 244 号
邮　　编：300192
电　　话：（022）87894896
传　　真：（022）87895650
网　　址：www.tsttpc.com
印　　刷：天津画中画印刷有限公司
发　　行：全国新华书店
版本记录：889 × 1194　16 开本　8 印张　80 千字
2012 年 12 月第 1 版　2021 年 7 月第 2 次印刷
定　价：36.00 元

序言

在地球上，存在着各种各样失落的文明，其中既有震撼人心的超前文明，又有神秘莫测的金字塔之谜，还有消失的各种古城文明。这些古老而瑰丽的文明为什么会消失呢？它们的遗址究竟在哪里呢？为什么有的文明竟然沉入了海底？举世闻名的庞贝古城为什么会一夜之间毁灭？

这些都是一个个未解的谜团。小朋友，你想知道这些未解之谜的答案吗？书中对这些未解之谜都一一做了解答。本书将带你掌握更多的历史知识，将带你了解更多的人类文明。小朋友，和本书一起探索那些失落在历史长河中的文明之谜吧！

目录

第一章　无比震撼的超前文明

第二章　让人困惑无比的玛雅文明

第三章　扑朔迷离的复活节岛巨像文明

第四章　迷雾般的金字塔文明

第五章　《圣经》中的文明

第六章　神秘的亚特兰蒂斯文明

第一章

无比震撼的超前文明

1.20亿年前的核反应堆

众所周知，原子技术这一高深技术是人类在近几十年内才开始掌握的，然而，科学家们却在非洲发现了一个20亿年前的核反应堆。这个核反应堆是谁留下的？到底有什么用？这些都是人们需要解决的谜题。

发现经过

20世纪初，一家法国的工厂使用从非洲加蓬共和国进口的奥克洛铀矿石，他们惊奇地发现，进口过来的这批铀矿石已被人利用过。一般铀矿石的含铀量为0.72%，而奥克洛铀矿石的含铀量却不到0.3%。这一异常的现象引起了科学家们的注意。经过考察，他们在加蓬共和国发现了一个令人惊奇的史前遗迹——古老的核反应堆。这个反应堆结构合理，保存完好，已运转了长达 50 万年时间。

是谁留下的它

据论证，大约在 20 亿年前，就已经形成了奥克洛铀矿，而这一核反应堆在成矿后不久就有了。人类使用火的历史也只有几十万年的时间，那么，留下这个古老的核反应堆的又是什么人呢？是外星人的作品，还是前一届地球文明物种的遗迹？

知识大百科

所谓核反应，是指原子核受一个粒子撞击而放出一个或几个粒子的过程。核反应通常分为四类：衰变、粒子轰击、裂变和聚变。

2. 在矿石中的人造物

几十万年前，人类才刚刚学会制造工具，然而，在几千万年甚至几亿年前形成的矿石中，人们却发现了人工制造的东西，这又是怎么回事呢？ 1844 年，在苏格兰特卫德河附近地下 2.44 米的岩石中，当地的矿工发现了一条金线。1845 年，根据英国布鲁斯特爵士的报告，在苏格兰京古迪采石场的石块中发现一枚铁钉，铁钉的一端嵌在石块中。1885 年，澳大利亚的一处作坊，工人们在砸碎煤块时发现煤中有一个闪闪发光的金属物，那是一个平行六面体，两面隆起，其余四面均有深槽，形状规则，使人们不得不相信那是一个人造物体。

50 万年前的火花塞

1961 年，美国加利福尼亚州，在一个海拔 1300 米的山峰上，洛亨斯宝石礼品店的三位合伙人发现了一块化石。当化石被锯开时，锯齿被坚硬的东西弄坏了，他们打开后才发现，一个“晶洞”在化石中包着，里面有一个像汽车火花塞一样的东西。据地质学家推断，在 50 万年前这块化石就已经形成了。而 50 万年前又怎么会有汽车火花塞呢？

知识大百科

什么是火花塞？凡是汽油发动机上都有火花塞，一缸一个。火花塞虽然只是一个小零件，但它却极其重要，没有它，发动机动弹不得。

3. 令人叹为观止的史前文明遗迹

在这个世界上，有许许多多让我们不可思议的史前文明遗址，它们是什么时候修建的呢？又是什么人修建的呢？

神秘的建筑

派恩是一座位于南太平洋的小岛，有四百多个像蚁丘似的古怪古冢散落在这个岛上，它们用沙石筑成，高约 2.6 米，直径约 90 米。在古冢上寸草不生，古冢内也找不到任何遗骸，只在三个古冢中各自发现了一根直立着的水泥圆柱。

黄金隧道

1969 年，在南美洲，一个叫莫里兹的阿根廷人发现了一条数千公里长的隧道系统，仅在秘鲁、厄瓜多尔境内就有几百里长，在地下 250 米

深处。隧道内壁平整光滑，顶部平坦。其中有几处巨大的厅洞，竟有喷气式客机停机库那么宽阔。大厅里还有许多金属叶片，一页一页的，就像装订在一起的书排列着。还有许多大块的金块和银质器物在隧道里放置着。这条隧道简直可以说是人类历史上的黄金大宝库。那么这条隧道是什么时代的产物呢？又是什么人把如此多的黄金摆放在这样的隧道里的呢？

知识大百科

隧道为地下通道的一种，也是最常运用的一种。通常用来穿山越岭。若施工于地面下，则称作地下隧道。

4. 三叶虫化石上的足印

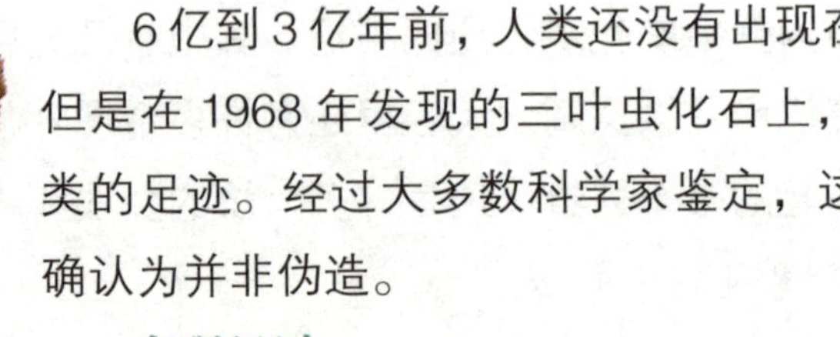

6亿到3亿年前，人类还没有出现在地球上。但是在1968年发现的三叶虫化石上，却留着人类的足迹。经过大多数科学家鉴定，这块化石被确认为并非伪造。

发现经过

1968年6月，美国的业余化石爱好者米斯特发现了几块三叶虫化石。回忆当时的场景时，他叙述说，当他轻轻地用地质锤敲开一块石片时，石片“像书本一样打开，我惊讶地发现，一个人的脚印印在其中的一片上面，中央处踩着三叶虫，另一片

上也显出几乎完整无缺的脚印形状。更令人惊奇的是，那几个人似乎都穿着便鞋”。

足印到底是谁留下的

三叶虫生存于距今 6 亿年至 2.8 亿年前的这段时间里，而人类出现的历史才只有区区 100 多万年的时间。也只是在 3000 多年前，人们才穿上像样的鞋子。这些足印到底是谁留下的呢？有什么似人的动物会在地球上生存过呢？对此科学家们也无法解释。

知识大百科

什么是三叶虫？它是最有代表性的远古动物，生存于 6 亿年至 2.8 亿年前，前后在地球上生存了 3 亿多年，它的背壳纵分为三部分，因此名为三叶虫。

中轴：三叶虫的背部覆盖着一层光滑的外壳，中轴就是这层外壳在中间隆起的部分。

头鞍：可能是存放“脑”的地方。

肋叶：中轴两边的部分，分为许多肢节，是三叶虫的行动部分。

5. 沙漠中的“死人之脸”之谜

“死人之脸”位于巴基斯坦的大沙漠深处，它是一堆巨石组成的巨大的人脸的图案。“人脸”虽然有高高隆起的鼻子，眼睛却是半闭的，好像一张死人的脸，所以人们叫它“死人之脸”。

迷宫般的“死人之脸”

“死人之脸”其实是一座迷宫。许多人进去，就消失得无影无踪。每当月亮升起的时候，整座迷宫就在一阵隆隆的声响中开始旋转起来。这里面似乎装着一个巨大的机关，利用月球的引力在运转！而这种启动方式，我们现代人还不知道如何完成。

探索“死人之脸”

在对整个“死人之脸”进行了同位素、磁场和天文对照考察之后，考古队员发现该遗址始建于公元前6000年以前，距现在已经8000多年了。那时人类还处于原始社会，是谁创造了如此高度的文明？现代科学唯一能解释的就是：“死人之脸”是外星人所建的空间站，废弃后被地球人所用。

知识大百科

人类并不满足于在太空进行短暂的旅游，为了开发太空，需要建立长期生活和工作的基地。于是，随着航天技术的进步，就在太空建立了可以长期让人类居住的场所——太空空间站。

6. 这些是外星人所留下的吗

远古骨骼上的圆孔、自动旋转的球体、深埋在地下的布料，面对许许多多现在的科学技术无法解释的事物，我们又该做何猜想？难道那些无法解释的事物都是外星人留下的吗？

旋转的球体

在南非的一个金矿里，一群矿工曾在岩石中挖出了数以百计的金属球。这些金属球类似人造的球体，它们的顶端和底部是平的，中间有三条镂刻完整的槽线。令人惊奇的是，这些金属球中有一个球能自

动在它的轴线上旋转。据地质学家说，这些金属球很可能是 20 亿年前的物体。它们是如何制造的呢？又是怎样埋藏在那里的？为什么其中一个球会自动旋转？这些金属球到底有什么用处？谁也不知道答案。

深埋在地下的布料

在中国贵州省的松桃苗族自治县，矿工冉隆金、冉隆秀曾在寨英镇吊水洞锰矿吊水一号井内发现一块布料。该布料长 16 厘米、宽 13 厘米，质地类似现代的涤纶布，紧紧夹在距地表 110 米的矿层之中，矿洞周围无天然石洞和住户。难道早在人类诞生之前就有人发明了化纤，并织成了类似涤纶布的布料？

骨骼上的圆孔

1921 年，考古学家在赞比亚发现了一个生活在旧石器时代中期的尼安德特人的头骨，头骨左方有一个边缘平滑整齐的明显圆孔。这种创伤，若以现代科技而论，只有子弹高速冲击才能形成。苏联考古学家曾发掘出一条古代欧洲野牛的尸体，这种野牛生活在 4 万年前的地球上，现在早已绝迹了。在它的头骨上有一个孔状伤洞。据科学鉴定，该洞是由一种高压气束射击造成的。学者们认为，生活在 4 万余年前的原始人绝不可能有高压气束或枪弹之类的武器。合理的推测是，受伤的欧洲野牛和尼安德特人是受到了外星人的袭击。

知识大百科

外星人是人类对地球以外智慧生物的统称。现在人类还不确定是否有外星人或外星生物的存在。你有没有看过斯皮尔伯格导演的《E.T》呢？那就是一部关于外星人的电影。

7. 神秘的石柱群之谜

在英国有一个可以与埃及的金字塔相媲美的神秘的史前遗物——巨大的石柱群。它位于英国著名的风景胜地索尔兹伯里平原上，石柱一根一根地立在地面上，其中有些柱顶之间，还横架着大石板，就像一座座空中天桥。

巨人般的石柱群

石柱群非常壮观，它们像一个个巨人屹立在那里。而石柱群影子的自然景色更加令人赞叹。在每年夏至前后的数天时间里，这里的白昼最长。每天凌晨 4 时 59 分，太阳已从东方的地平线上冉冉升起。由于太阳的斜射，一条又一条石柱的影子映射在大地上，纵横交错，构成十分奇妙的图案，让人赏心悦目。

用于天文观测

经过考察研究推测，考古学家认为这些石柱是古人用来观测日食与月食的。那么，难道史前古人就已有如此高深的天文学知识吗？也有人提出从“外星人”这个角度来进一步研究。但是要解开这个谜团，只有靠今后的科学家了。

知识大百科

日食是月球绕地球转到太阳和地球中间时，如果太阳、月球、地球三者正好排成或接近一条直线，月球挡住了射到地球上去的太阳光，月球后的黑影正好落到地球上，这时就发生了日食现象。

8. 美索不达米亚的遥远文明之谜

约在公元前 4000 年，底格里斯河和幼发拉底河之间的地区，希腊语称之为“美索不达米亚”，这里已经产生了文明。在大约公元前 3000 年，许多城邦已经出现在两河之南的苏美尔人聚居的地方，这是迄今知道的人类最早的文明。

释读碑文

19 世纪，德国格丁根大学希腊文教授格劳特芬德花费许多年才读懂了波斯石刻上的 40 个楔形文字中的 8 个字，并运用这 8 个字读出了石刻上 3 个国王的姓名。以同样的方法，1835 年英国人亨利・罗林生释读了那 8 个字，此后，又释读了贝希斯敦石崖上的碑文。1848 年至 1879 年，欧洲人在原亚述首都尼尼微展开了一次重大的发掘，挖掘出了 2 万多片刻有楔形文字的泥版和各种文物 5 万多件。

文字起源

依据考古资料的推断，古代两河流域的文字体系最早发源于苏美尔。约公元前 4000 年后期，图画式文字由苏美尔人创造出来。公元前 3000 年，

这种文字发展成为楔形文字。文字的出现促进了文明的发展。在苏美尔时期，已经出现了很多优秀的文学作品。自然科学也有了一定的发展，出现了太阴历，将一周定为7天，出现了数字，兼用10进位和60进位等。

知识大百科

楔形文字，来源于拉丁语，是楔子和形状两个单词构成的复合词。楔形文字也叫“钉头文字”或“箭头字”，古代西亚所用文字，多刻写在石头和泥版上。笔画呈楔状，颇像钉头或箭头。

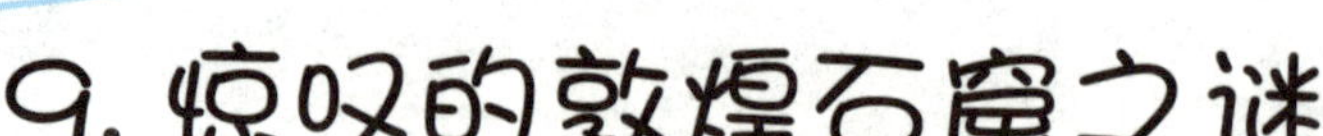

9. 惊叹的敦煌石窟之谜

在历史上，敦煌一直占据着重要的地位。1900 年在敦煌发现了大量的石窟和佛经、佛像，更是证明了其所具有的历史价值。

令人惊叹的工程

敦煌石窟位于鸣沙山附近，窟内呈现蜂窝状，每个小石窟内部都有一尊雕刻得美轮美奂的佛像，而且石壁上精绘着壁画。依据历史学家、考古学家研究的成果，推测此处在前秦（公元 366 年）时开始大兴土木，到元朝初期，石窟约有 1000 个洞，佛像计 48 万尊。真是一项令人惊叹的工程。

完好无损的佛像

据史料记载，曾经有许多凶悍的游牧民族入侵这一地域，诸如吐蕃、回纥、党项……在经过如此多的战乱的侵扰下，这些珍贵的文化瑰宝仍然保存完好，难道真是“佛法无边”？还是这些民族也敬畏佛像的神威

不敢擅自毁坏呢？抑或是那些僧尼们，为了表示发自内心的虔诚，乃发愿雕琢一尊乃至数尊的神像，作为他们修业的诚心表征呢？

真相究竟如何，我们并不知道正确的答案，只能够循着残留下来的蛛丝马迹，以最科学的方法，大胆假设小心求证罢了。

知识大百科

敦煌莫高窟又名敦煌石窟，素有“东方艺术明珠”之称，是中国现存规模最大的石窟，保留了10个朝代、历经千年的洞窟492个，壁画45000多平方米，彩塑2000多座。

10. 超时代的技术之谜

每个时代都有每个时代的科学技术，而那些生活在远古时代的人，他们又是怎么掌握那些让现代人都惊叹的高科技的呢?

神秘的地图

在土耳其的托普卡比宫有一张奇特的古代地图。18 世纪初期，这张古地图被人们发现。地图上，除了地中海地区画得比较精确外，其他的地区都严重变形。然而，当进一步深入研究时，科学家们却惊讶地发现，这张古地图其实应该是一张空中鸟瞰图。而如果和阿波罗 8 号飞船所拍摄的地球照片相比，土耳其的这张古地图简直就和它一模一样。是什么神奇的力量让远古时代的人就已掌握了太空航拍的高技术呢？

古代的星空

在南美洲的古城第阿瓦拉克神秘的废墟中，放置着一座用整块红色砂岩雕刻成的巨大神像，一幅完整无缺的星空图就刻在神像上。根据考古学家多年的研究，这幅星图所描绘的竟是 2.7 万年前的古代星空，而那些符号记述的则是非常深奥的天文知识。居住在南美的的喀喀湖畔的数万年前的古人类，又怎么会掌握让现代人类都自叹不如的天文知识呢？

知识大百科

地图是按照一定的数学法则，有选择地以二维或多维形式与手段在平面或球面上表示地球若干现象的图形或图像，它具有严格的数学基础、符号系统、文字注记。

11. 史前超文明是否存在

种种超文明的不解之谜，让身处现代社会的人类也深感迷惑。而对于此，一些科学家认为有两种解释：一是外星人在访问地球的时候所留下的痕迹；二是在现代人类文明之前，曾经出现过前一届高级人类的史前超文明时代。

高级文明生物

根据生物考古学家的推测，在地球诞生至今的 46 亿年历史中，地球先后经历了 5 次物种大灭绝，最近一次大灭绝发生在 6500 万年之前。有人据此推断，20 亿年前地球上存在过高级智慧生物，但不幸毁灭于一场核大战或一场巨大的自然灾害之中。一切文明的痕迹在亿万年的沧海桑田的变化中已经消失得无影无踪。

周期性的变化

也有人认为，前一届高级生命体的灭绝，是因为周期性的地球气候

变化或者因为地球磁场的周期性消失。地球将会周期性地出现不适应生物生存的气候。6500 万年前恐龙的灭绝便是一个绝好的例子。这种地球的周期性气候变化会导致高级生命体进入周期起源并进化。

知识大百科

恐龙是如何灭绝的？据推测，恐龙的灭绝是因为 6500 万年前的一颗大陨星撞击了地球。当时曾有一颗直径 7 ~ 10 公里的小行星坠落在地球表面，引起一场大爆炸，形成遮天蔽日的尘雾，导致植物大面积死亡，恐龙因此而灭绝了。

12. 千年的巴格达古电池之谜

电池是在最近 200 年才出现的，然而，德国物理学家卡维尼格却曾发布了一条惊人的消息：在巴格达古墓中曾出土的物品中有一些古电池，它们距今已有 2000 多年的历史。

古代电池

关于古电池的报告，卡维尼格是这样描述的："陶制器皿，类似花瓶，高 15 厘米，白色中夹杂一点儿淡黄色，上端为口状，瓶里装满了沥青，沥青中有一个铜管，铜管顶端有一层沥青绝缘体。在铜管中又有一层沥青，并有一根锈迹斑斑的铁棒。铁棒下端长出铜管的底座 3 厘米，使铁棒与铜管隔开，看上去好像是一组化学仪器。"他在报告书中总结说："这

实际上是一批距今 2200 多年的古代电池。只要加上酸溶液或碱溶液，它便可发出电来。”

壁画上画出了电池和电灯吗?

在埃及的一座金字塔里，有一幅刻工精细的壁画。据考证，这幅壁画是在金字塔洞穴内雕刻而成的，而洞穴内十分黑暗，根本无法进行雕刻工作，可在洞穴里没有任何用过火把或油灯的痕迹。在一个壁洞中有一幅壁画，画面很像巴格达古电池和一盏电灯。因此，有的科学家认为，在埃及建造金字塔时就已经用类似巴格达古电池供电的电灯了，洞穴里的壁画正是借助电灯光完成的。

然而，不少科学家否定这种论断，他们认为在两千多年前不可能有电池存在。至于巴格达古电池，他们怀疑其真实性，认为那是伪科学的产物。也有的科学家猜测，古电池可能是外星人遗留下来的。究竟是怎么回事呢？目前还是一个谜。

知识大百科

1799 年，意大利物理学家伏打发现连接两块金属的导线中有电流通过。经过一系列的实验，伏打成功地制成了世界上第一个电池——“伏打电堆”。

13. 神秘的大地图案之谜

1978 年，当时的波拉斯神父正任职于厄瓜多尔基多市的天主教大学考古学系，一次偶然的机会，在原始丛林中，他发现了一个人类所未知的神秘城邦。

山丘堆积形成了图案

根据波拉斯神父的推测，这座城邦可能代表着南美洲最古老的文明。在这座城邦中，有近 180 座矩形山丘，其中一些边长达 800 米。这些山丘堆积形成了奇特的图案，不过在地面上人们却无法看到，只有从空中往下看，人们才能分辨出一个由简单线条所勾勒出的美洲豹图案。

写给谁的文字?

现在大量向天空发出的图形信号已经陆续被人们发现。从秘鲁南部直到智利的荒漠与山区，许多这种指向天空的图形标记在高地与山丘之间分布着，其中有巨大的长方形、带有分叉的梯形以及箭头状的图案，带有装饰性花纹的四边形则遍布山坡。一些研究者认为，它们是某种特

定的符号，甚至就是一种文字。不过问题在于，这种写在大地上的文字又是给谁看的呢？

知识大百科

神父，司祭尊称，是罗马天主教和东正教的宗教职位。只有男修士才可担当此职位。天主教的神父终生不可结婚，而东正教的神父可以结婚，但主教只能在独身者中挑选。

14. 古代核战争之谜

1920 年，在印度河流域，人们发现了古代印度大都市摩汉乔・达罗的遗迹。据推测，这座城市应始建于 5000 年前，至今它仍有许多人类无法解开的谜团。

高温加热的白骨

在摩汉乔・达罗遗迹里，从遗迹上层发掘出的大量人骨群，是最令考古学家迷惑不解的。印度的考古学家卡哈博士发现有几具白骨有高温加热的现象。显然，这不是火葬。那么，这高温加热的痕迹究竟是因为什么呢？按常理推断，唯一的可能就是火山爆发，但印度河流域并不存在火山。

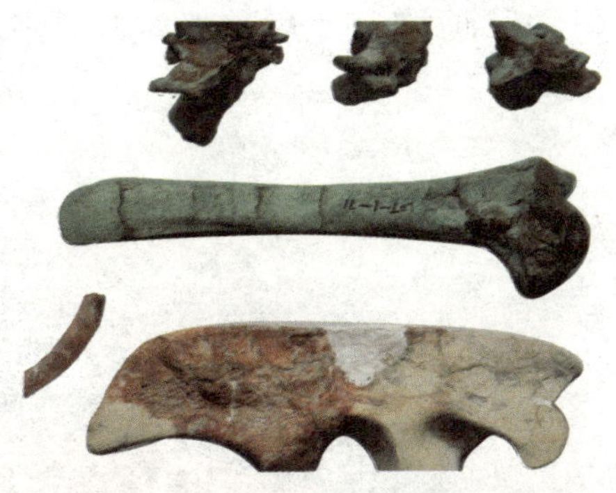

远古的核战争

人们在土耳其卡巴德奇亚遗迹及阿尔及利亚塔亚里遗迹中，发现过高热破坏而形成的奇石群。而凄绝惨烈的古代核战争的情景描述都曾出现于古代长篇叙事诗《玛哈巴拉德》和《拉玛亚那》里，远古史研究者们这时才相信，在遥远的古代，人类曾经历过核战争。

经过实物考察取证，最后研究人员也只能得出是大量核爆炸的结果，因为在现阶段，唯一所知道的能在瞬间发生热波和冲击波的爆炸物只有核子武器。

知识大百科

什么是核子武器？核子武器具有极大的杀伤力，一般是利用原子核裂变或聚变反应释放的能量，产生爆炸作用。现在国际上，都反对把核子武器用于战争。

15. 奇异的撒哈拉沙漠壁画之谜

在广袤的撒哈拉沙漠，竟然藏有大量的壁画作品，这些壁画群带给人们美的享受的同时，也激起了人们对它们的兴趣。

发现经过

1850 年，德国探险家巴尔斯来到撒哈拉沙漠进行考察，意外地发现岩壁中有刻着鸵鸟、水牛及各式各样的人物像的壁画。1933 年，法国骑兵队来到撒哈拉沙漠，偶然在沙漠中部的高原上发现了长达数公里的壁画群。此后，撒哈拉吸引了世人的注意力，欧美一些国家的考

古学家纷纷到来。1956 年，亨利·罗特率领法国探险队在撒哈拉沙漠发现了 1 万件壁画。第二年，总面积约 1080 平方米的壁画复制品及照片被带回巴黎，一时间轰动全世界。

丰富多彩的壁画内容

在发现的壁画中，有很多象形描绘的雄壮的武士，他们有的手持长矛、圆盾，乘坐战车迅猛飞驰，表现出了征战场面；从画面上看，舞蹈、狩猎、祭祀和宗教信仰是当时人们生活和风俗习惯的重要内容。

知识大百科

武士，一是指中国春秋战国时期诸侯列国中的特殊阶层，或归入小贵族，地位较为低下；二是指在古代日本的一个社会阶级，一般指通晓武艺、以战斗为职业的军人。

16. 惊人的天文知识之谜

你知道吗？早在古代，我们的祖先就拥有了丰富的天文知识，他们制定的日历和绘制的地图，其精确程度几乎无可挑剔。他们具备的天文学知识甚至超过了现代人类。数千年前的人们，是怎样掌握这些惊人的天文知识的呢？

古埃及人发明的天文仪器

古埃及人发明了在夜间用的一种特殊天文仪器，名叫麦开特。它的结构很简单：把一块中间开缝的平板沿南北方向架在一根柱子上，从板

缝中可知某星过子午线的时刻，又从星与平板所成的角度知道它的地平高度。现今发现的麦开特系公元前一千多年的实物，为现存的埃及最古老的天文仪器。

古埃及人的天文知识和历法

据近代测量，埃及最大的金字塔底座的南北方向非常准确，可在当时并没有罗盘，古人是用什么方法测量的呢？科学家们推测这可能是用天文方法测量的。这座金字塔在北纬 30° 线南边两千米的地方，塔的北面正中有一入口，从那里走进地下宫殿的通道，和地平线恰成 30° 的倾角，正好对着当时的北极星。

埃及人除知道北极星外，还认识仙后、猎户、天蝎、白羊等星座。埃及人将一年分为十二个月，合四月为一季，合三季为一年，这是埃及最早的历法。这三个季度的名称是：洪水季、冬季和夏季。冬季播种，夏季收获。

在古王国时代，一年中当天狼星清晨出现在东方地平线上的时候，尼罗河就开始泛滥。古埃及人根据尼罗河泛滥的周期进行了长期观测，把一年由 360 日增加为 365 日。这就是现在阳历的来源。这种历法与实际周期每年相差约 0.25 日。

美索不达米亚地区的天文知识

约公元前 4000 年的美索不达米亚地区已经产生了文明，这是人类最早的文明。当时居住在美索不达米亚地区的古人拥有先进的天文知识，他们观察月亮运行规律，并在此基础上编制了太阴历。他们把两次新月出现之间的时间作为一个月，每月包括 29 天或 30 天。又根据月的圆缺和季节变化，将一年分为 12 个月，6 个月为 29 天，6 个月为 30 天，每年 354 天。它只比太阳年（365 日 5 时 48 分 46 秒）短 11 天多的时间。

到了古巴比伦时期，人们已能将肉眼看到的星体绘成星空图，能够把恒星和五大行星区别开来，还观测出太阳在恒星背景上的视运动轨

道——黄道。以后，巴比伦人又区分出黄道上的 12 个星座，绘出黄道 12 宫的图形。新巴比伦时代，人们能够预测日、月食和行星的会冲现象。同时，人们又以 7 天为一周，分别以日、月、火、水、木、金、土七颗星的名字作为星期日至星期六的名称。

世界上最早的月相图

20 世纪 60 年代初，在新疆的一座古老山洞里，中国考古人员发现了一批古代岩画。经科学测定，这竟然是数万年前的作品。其中，有一组世界上最早的月相图，由一系列连续画面构成，包括新月、上弦月、满月、下弦月、残月等。最令人震惊的是，满月图上，在球体的月南极处的左下方，画有七条呈辐射状的细纹线，这表明其作者已明确地表现了月球上大环形山中心辐射出的巨大辐射纹。而这些辐射纹是人类的肉眼根本无法观察到的。

知识大百科

月亮上的辐射纹

在满月时，人们用天文望远镜观察月亮，会发现月球上一些中型环形山都有向四方散开成辐射状的光亮条纹。条纹的宽度达几千米，长度可延伸到离辐射中心几千米的远处。这些条纹叫辐射纹，也叫作光脉。

17. 古代艺术品中的神秘现代人装束

你能相信在远古时代的人们，也能画出现代人的装束吗？那些戴着头盔的形象为何会出现在古人的画中？本应属于现代的文明，为什么会出现在史前人类的艺术品中呢？这不能不叫我们现代人感到迷惑和不解。

撒哈拉沙漠中的岩画

一次偶然的机会，在撒哈拉沙漠中旅行考察的时候，法国学者安利·罗特在沙漠中的塔西里高地发现了一批已有近万年历史的岩画，上面画着数以千计的动物和人物。其中一些人穿着短上衣，手持棍棒，身上带有形状奇异的箱子。最引人注目的一幅画，画有一尊身高超过5米的人像，他的服装酷似现代的潜水服或宇航服；一个密封的头盔，在他结实有力的双肩上放着，用某种接头与躯体相连，颈部是呈水平褶纹的密封衣领，头盔上靠近双眼的部位留有许多孔道。

身穿宇航服的人?

在意大利布雷西亚地区发现的远古时代的岩画中，有两个人物都穿着鼓鼓囊囊的套服，头上戴着密封的头盔，头盔的上方还伸出两根天线似的短角，手里拿着奇怪的工具。这幅画已相当明确地向我们传达了一个信息：这是一个身穿宇航服的人，或者是一个高智能的机器人。

原始居民的画

在法国的卢萨克堡，人们发掘出一组画在水平石板上的壁画，画中人物穿戴长袍、靴子、腰带、外套及帽子，留着修剪过的长胡须，而这样的装束到 19 世纪和 20 世纪才有。这组画经考证确属原始时代的真品。令人无法理解的是，赤身裸体的原始居民，是凭什么画出 19 世纪和 20 世纪的人物的？是凭想象吗？

这些长袍和靴子都是到 19 世纪和 20 世纪才出现的

似猿似人的头像

1959 年，在位于中国浙江省海宁的马家浜遗址上，人们发掘出一块陶片，上面刻有一个似猿似人的头像，外面套着一个封闭式的头盔，其左侧还有一带状装饰物，可惜已断开，不知连接于头盔的何处，但无论如何，这样封闭式的头盔，只有现代社会才能看到。

知识大百科

撒哈拉沙漠是世界最大的沙漠，几乎占满非洲北部。东西约长 4800 千米，南北在 1300 ~ 1900 千米之间。撒哈拉沙漠是世界上除南极洲之外最大的荒漠，气候条件极其恶劣，是地球上最不适合生物生长的地方之一。

18. 神秘的万年前人造心脏之谜

人造心脏是近些年才研制成功的。然而，令人想不到的是，在非洲的突尼斯北部一处偏僻森林内，考古学家在发掘出来的史前穴居人的尸骸中，发现了一颗构造精密、由多种金属配件组合而成的人造心脏。根据碳 –14 测定的结果证明，这位穴居人死了至少有 5 万年。

5 万年前的人造心脏

考古队长梅沙・夏维博士说："那具尸体早已腐化，但他体内的人造心脏仍然十分完好，看来稍加修理便可再次使用。我们深信这确是一颗来自 5 万年前的人造心脏。我相信，制造人工心脏的人，绝对不可能是穴居人，也不会来自我们这个星球。"

外星人造的心脏

美国专家奇顿・兰拿是专门研究古代 UFO 的，他说："我们曾经认为古埃及人是首批与外星人接触的地球人，但现在很明显地证明，

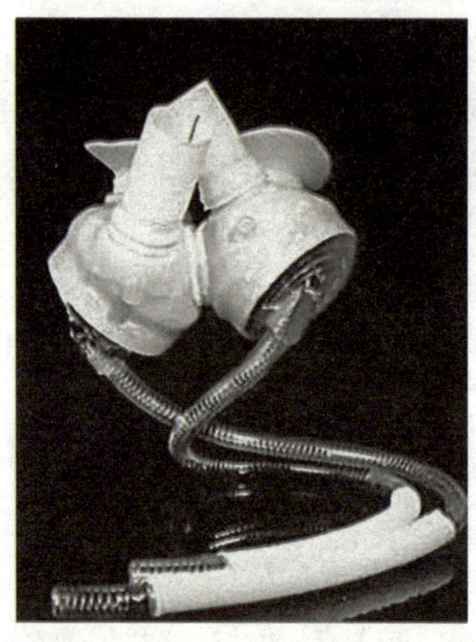

早在地球有人类活动的时候，便已经有外来的高智慧生物存在。那个在穴居人身上找到的心脏，虽然十分简单，但却有金属管道和一个类似泵的东西，看起来跟我们今天的人造心脏差不多。说明某种高智慧生物早在5万年前便已来到地球，并给这个人进行了这样的心脏移植手术。或许这个穴居人并非真的有心脏病，只是被他们用来做实验的小白鼠而已。”

知识大百科

心脏，是循环系统中的动力。人的心脏外形像桃子，位于横膈之上，两肺间而偏左，主要由心肌构成，有左心房、左心室、右心房、右心室四个腔。

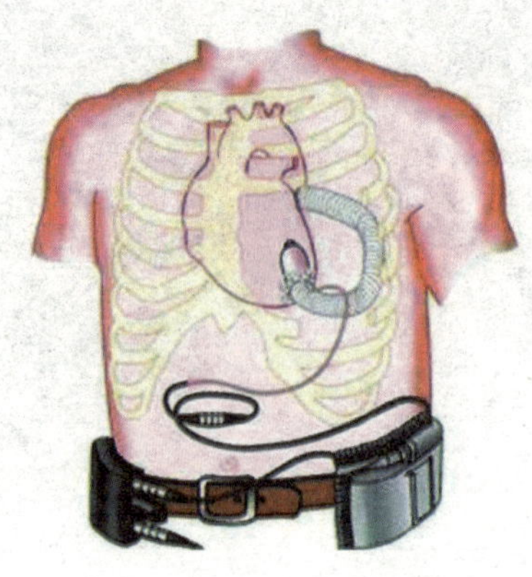

19. 怪异的古老壁画之谜

你能相信在海底的某一处洞穴里，人们会发现有着旧石器时代的特征，甚至是按照史前艺术惯例画出来的 18000 年之前的壁画吗?

发现经过

1998 年 7 月的某一天，法国职业潜水员昂利·库斯奎同三位潜水学会的会员，在地中海摩修奥湾 40 米深的海底发现了一个洞穴，并在其中有了惊人的发现。在洞窟的西壁上绘有一横排小马，是用像炭一样的黑颜料画的，画面上蒙着一层半透明的方解石。东壁上画着两头大野牛和更多的手掌，有的五指不全。有些图画显然是部分或者完全重叠在一起，甚至还有怪异的几何符号。

18000 多年的洞穴壁画

根据考古学家鉴定，这些马、野牛、山羊等壁画和雕刻全部有着旧石器时代的特征，甚至是遵循着史前艺术惯例画出来的。这一切都可以说明它们比著名的拉斯科洞的画还要早。根据碳测年法测定结果推算，这批画至少有 18000 多年的历史了。

知识大百科

壁画是以绘制、雕塑或其他造型手段在天然或人工壁面上制作的画。壁画为人类历史上最早的绘画形式之一。现存史前绘画多为洞窟和摩崖壁画，最早的距今已约 2 万年。

第二章

让人困惑无比的玛雅文明

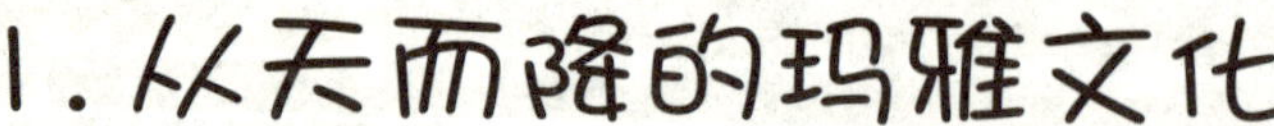

1. 从天而降的玛雅文化

1893 年，在中美洲洪都拉斯的丛林中，一位英国画家发现了一座城堡的废墟。坍塌的神庙上一块巨大的基石上刻满了精美的雕饰。石板铺成的马路，标志着它曾经是个车水马龙、川流不息的闹市。路边修砌着的排水管，标志着它曾经是个具有先进文明的城市。尽管大多石砌的民宅与贵族的宫殿都已倒塌，但当年喧杂而欢乐的景象仍依稀可见。

神秘的奇迹

这片废墟，或被芒草和荆棘深深掩盖，或被蟒蛇一般的野藤紧紧缠

裹。从马路和房基上破土而出的树木，无情地掀翻了石板，而浓绿逼人的树冠，则急不可待地向废墟上空延伸，仿佛急于掩盖某种神秘的奇迹。

惊人的发现

在丛林中发现城市废墟的消息披露以后，震惊了全世界。一批又一批的考古人员来到洪都拉斯，随后他们又把寻幽探胜的足迹扩大到墨西哥、危地马拉、秘鲁以及整个南美大陆。无数的惊奇发现随着考察队的到来，纷纷传出——玛雅人的金字塔可与埃及人的金字塔媲美；危地马拉的达卡尔城内的那座金字塔高达 70 米；墨西哥的巨石人像方阵令人困惑不解；特奥蒂瓦坎的金字塔雄浑精美，堪称一流……

突然消逝的文明

玛雅文明到底是谁创造的？地面考古没有发现文明的前期过渡形态的痕迹，分析在此之前的神话传说，也无线索。玛雅文明仿佛是一夜之间产生的，又在一夜之间轰轰烈烈地向南美大陆扩展。谁也不知道这一切是如何发生的。

知识大百科

洪都拉斯，位于中美洲北部，西班牙语为官方语言，全境四分之三以上为山地和高原，面积为11.2万平方千米，热带气候，沿海平原属热带雨林气候，年平均气温23℃。

2. 是什么让玛雅人抛弃了文明

既然在很久以前，玛雅人就创造了灿烂的文明，那么现在我们为何又失去了玛雅人的行踪呢？玛雅人这种“从天而降”的文明现象，为何像一场刚刚拉开序幕就已结束的历史剧呢？玛雅人为何选择突然放弃文明，又回归原始状态呢？

背井离乡

就在这期间，散居在四面八方的玛雅人，好像不约而同地接到某种神圣的使命一般，抛弃了世代为之奋斗追求、辛勤建筑起来的家园，向荒芜的深山迁移。

突然停工

公元830年，科班城众多浩大的工程项目突然宣告停工。公元835年，帕伦克的金字塔神庙也停止了施工。公元889年，提尔卡正在建设的寺庙群工程也宣告中断。公元909年，玛雅人的最后一个城堡，在修建过半石柱后也停工了。

深深的困惑

现在玛雅人的那些具有高度文明的历史文化遗址，就是在公元8世纪至9世纪之间，玛雅人自己抛弃的故居。如今徜徉在这些精美的石雕和雄伟的建筑面前，游客们无不赞叹、惊奇，而专家学者们却陷入深深的困惑之中。

大举迁移的谜团

关于玛雅人为何大举迁移也是众说纷纭。有的说是因为瘟疫，有的说是自然灾害，有的说采取了某种不恰当的耕种办法，有的说是阶级斗争……但是没有哪一种说法能够经得起推敲。事实如何？要解开这谜团，还有待进一步深入研究。

知识大百科

遗址是指人类活动的遗迹，属于考古学概念，是指从历史、审美、人种学或人类学角度看，具有突出的普遍价值的人类工程或自然与人的联合工程以及考古地址等地方。

3. 谁教会了玛雅人历法

为了适应他们按年记事的需要，玛雅人创立了一套精巧的数学方法，用来决定播种和收获的时间，掌握季节和年度中雨水最多的时间。

高超的数学知识

在古代原始民族中，玛雅人所掌握的数学技巧，真是高明得令人吃惊，尤其是他们熟悉“0”的概念，比阿拉伯商队横跨中东沙漠，把这个概念从印度传到欧洲的时间早 1000 年。玛雅人认为一个月（兀纳）等于 20 天（金），一年（佟）等于 18 个月（兀纳），再加上每年之中有 5 个未列在内的祭日，一年实际的天数为 365 天。这与现代对地球自转时程的认识丝毫不差。

预算金星的历年

除对地球历年了解得十分精确之外，玛雅人对金星的历年也十分了解。金星的历年就是金星绕太阳一周所需的时间，玛雅人计算出金星历年为 584 天，而今天我们计算金星的历年为 584.92 天，这是个非常了不起的数字。几千年前的玛雅人能有如此精确的历法，真是让人感觉不可思议。

很显然，这一切知识已经超过了处在农耕社会的玛雅人的实际需求。那么，是谁把这些知识传授给玛雅人的呢?

知识大百科

历法是天文学的分支学科。它是一种推算年、月、日的时间长度和它们之间的关系、制定时间序列的方法。简单说来，就是人们为了社会生产时间的需要而创立的长时间的计时系统。

4. 最古老的宇航图和金字塔

玛雅人的纪元年代可追溯到公元前 3113 年，而对一个相当落后的原始部落来说，这的确是让人难以置信的。然而，帕伦克的那幅宇航图摆在人们面前时，一时间似乎所有的疑惑都消失了，取而代之的却是一种更为深切的困惑。

废弃并坍塌了的神殿

帕伦克位于墨西哥高原一个偏僻的山谷里。几千年来，当地人从未关心过那座废弃并坍塌了的神殿。20 世纪 50 年代，当考古学家来清理这个玛雅废墟时，从浮尘和苔藓中，他们发掘出了一块刻满花纹的石板。

翱翔太空的图案

石板上描绘的图画既神奇又夸张：一个像驾驶员似的人双手握着某种掌握舵向的把子，围绕在其四周的是各种装饰性的花边图案。当时考

古界的解释是，这幅图充分展示了玛雅人的想象力。20世纪60年代以来，美苏两大国家竞相发射各种航天火箭，载人和不载人的宇宙航天器频繁地在太空穿梭。当宇航员行走于月球和太空的照片不断传回地面后，人们才惊讶地发现，帕伦克那幅图画，哪里是描绘古代神话，分明是一幅宇航员操纵航天器翱翔太空的图案。

数千年前的宇航员？

虽然图画里面的仪器有一定的变形，但是宇航图的轮廓还是清晰可见的。要知道，古代哪里会有什么宇航器啊！那么，古代的玛雅人是怎么了解宇航奥秘的呢？他们又如何描绘出宇航员操纵飞船的图片？这之中究竟隐藏着怎样的文明？现代科学也无法给出合理的解释。

> **知识大百科**
>
> 火箭是以热气流高速向后喷出，利用产生的反作用力向前运动的喷气推进装置。火箭是目前唯一能使物体达到宇宙速度，克服或摆脱地球引力，进入宇宙空间的运载工具。

5. 丛林中的玛雅神殿之谜

玛雅人生活的地区极为宽广，面积约为 30 万平方公里，在此区域全是热带雨林。一般人类社会的发展皆选择河岸边的肥沃土壤，而玛雅人则是在阴暗潮湿的环境中建造出光明都市。那么，玛雅人为何选择在雨林中建圣都呢?

古老的都市

至今人们都不知道，玛雅人为何要隐藏起自己，并在黑暗之地建造壮丽的石造都市群。建造巨大都市的技术从何而来呢? 这恐怕是最令人不解的了。迪卡鲁是玛雅中最古老的都市，其面积为 16 平方公里，有许多宫殿、神殿与僧院等石造建筑群都位于此。在迪卡鲁遗迹中所挖出的“时间石碑”上，刻有最古老的日期 292 年和最新的日期 879 年。可想而知，迪卡鲁文明的最盛期应在 600 年间。

巅峰时期的玛雅

玛雅文明发展到高峰时期，玛雅的艺术已经发展到相当高的水平了。这时的人口也增加很多，以提卡尔来说，便多了两倍以上。随着人口的增加，神殿和宫殿等大型建筑也如雨后春笋般出现。提卡尔挖掘出土的神殿基坛，一半以上的下方都是墓室，因而许多学者认为神殿基坛是为纪念死者而建造的。

知识大百科

热带雨林是指阴凉、潮湿、多雨、高温、结构层次不明显、层外植物丰富的乔木植物群落。主要分布于赤道南北纬 5 ~ 10 度以内的热带气候地区，全年高温多雨。

6. 有着高度精神文明的玛雅人

玛雅金字塔散布在以尤卡坦半岛为中心，周围 156000 平方千米的丛林与山地间。

这些金字塔，在人类面前，曾展现出自以为是且长期探求的秘教教义。

百万人的都市

直至今天，在密林中人们还不断地发现玛雅遗迹群，其规模超过了现代人表面的判断能力。例如，最近才开始挖掘的可巴大都市遗迹，已发现有 6500 座建筑物，住在这个区域的玛雅人，据推测约有数百万。

玛雅的农业

由于土地十分贫瘠，不适合农业发展，故而本地只有木瓜、香蕉、柑橘、椰子等供栽培。因不产稻米，所以马铃薯是主食。又因位于热带雨林性气候区，雨量特多，终年潮湿，所以该地区不适合生活。但这里却有遗迹留存，并且能够表现出相当高的文明，这本身就是一个谜。

知识大百科

秘教是希腊、罗马帝国、埃及或其他地区境内的秘密宗教，源于世界数处原始民族所举行的部落仪式，其仪式提供给人可感受到宗教经验的方式，并分享神明或英雄的生命，期待死后的生命。

7. 玛雅蓝的制作之谜

玛雅人总是喜欢用蓝色来画壁画，即使是在进行祭祀时，他们也总是先将祭祀所用的人畜染成蓝色，这种颜色被人们称为“玛雅蓝”。玛雅人为何喜欢蓝色，他们又是如何制作这种历经数千年而不会褪色的颜料的呢？科学家们很早就在一些物品上发现过蓝色涂料，却一直未能解开玛雅人制作这种颜料的秘密。近日，美国的科学家宣称他们已经揭开了这一谜底。

玛雅蓝是如何制作出来的?

美国科学家称已于近日揭开了古代玛雅蓝色涂料的成分之谜。科学家们发现这种蓝色含有两种物质：一种是植物叶中的提炼物；一种是黏

土矿物。通过在电子显微镜下分析这些颜料样品，研究人员们才得以探测出玛雅蓝中关键成分的痕迹。科学家宣称：“没有人能真正搞明白这两种成分是如何被融合成一种稳定的鲜艳颜料的。玛雅人可能正是通过圣香（即柯巴脂）将植物提炼物和这种黏土矿物融合在了一起，这种融合使得玛雅蓝比其他自然颜料更为鲜艳持久。而且，我们已经找到了一些证据证明这个猜测。”

制作马雅蓝是祭祀仪式的一部分

由于玛雅人把蓝色与他们的雨神联想在一起，因此，他们将向雨神供奉的祭品涂成蓝色，祈求雨神能降雨助谷物生长。科学家们认为，制作玛雅蓝也是祭祀仪式的一部分。玛雅人可能会烧一堆大火，并在火上放一个容器，将这些关键成分混合起来。然后，他们可能将热的柯巴脂碎片放入容器中，从而制作出“玛雅蓝”。

知识大百科

神殿，一般是指供神的大建筑物；被认为是神所居住的大建筑物，用于祭祀奉拜。在古代，经常会出现这种建筑。

8. 墨西哥百冷阁中神秘的石雕绘像

面对我们无法解释的现象、事物时，我们总是喜欢把这一切归于外星人，而在墨西哥就有这样一座神庙，里面的浮雕据说描绘的就是外星人。

碑铭神庙

1948 年到 1952 年间，在巴伦杰神殿的“碑铭神庙”中，墨西哥籍考古学家路利教授发现在巨大石室的墙上刻有九位盛装的神官和一位戴有奇妙头饰的青年的浮雕。后来，看到这些浮雕的研究者都说：“浮雕与太空人太像了，此墓埋葬的一定是外星人。”

玛雅的火箭图

有个石制浮雕像是其中最受瞩目的，这是令今天的人百思不解的一件“艺术品”，被称为巴伦杰神殿的“玛雅的火箭图”。在巴伦杰神殿里，路利教授所发现的浮雕和玛雅碑文有密切的关系。被解读出来的碑文中，就有一节：“白色的太阳之子，仿效雷神，从两手中喷出火……”以我们现代的知识，认为那是宇航员的服饰，而那件“艺术品”正是一个单人火箭。但是，以当时玛雅人不用金属的习俗，即使科学达到了相应的水平，他们又怎么会制造出火箭呢?

知识大百科

浮雕是雕塑与绘画结合的产物，用压缩的办法来处理对象，靠透视等因素来表现三维空间，并只供一面或两面观看。浮雕一般是附属在另一平面上的，因此在建筑上使用更多。

第三章

扑朔迷离的复活节岛巨像文明

1. 复活节岛巨像之谜

复活节岛坐落于南太平洋中，距智利海岸 3600 千米，属智利领土，当地人叫“拉帕努伊岛”，是“世界的中心”“地球的肚脐”的意思。

与世隔绝的荒岛

1722 年复活节这一天，这个无名的岛屿被荷兰航海家雅各布·罗杰温和他的同伴们意外地发现了，当时他们在太平洋南部海域航行，并高兴地将这个岛屿命名为复活节岛。这个孤岛很小，人烟稀少，边长只有 60 千米。岛上没有矿产良田，也没有森林河流。有的只是裸露的岩石，离离的荒草。就是这样一个几乎与世隔绝的荒岛，却因岛上矗立着巨石雕像而成为举世瞩目、闻名遐迩的旅游胜地。

散布的巨像

巨像排列在海岸，分布在岛的四周，共有 450 多尊，每尊高达 10 米，重达 90 多吨。最高的有 20 多米，重达 100 多吨。巨像造型奇特，个个高鼻大耳，雄浑生动，有的还戴着石帽，留着胡须。部分石像横倒侧卧，埋没于荒草丛中。没有人知道这些巨像是怎么出现在这座岛屿上的。

知识大百科

太平洋是世界最大的海洋。面积 17968 万平方千米，占世界海洋总面积的 49.8%，占地球总面积的 35%，平均深度有 4028 米。

2. 复活节岛的最后秘密

迄今唯一一个发现有古代文字的波利尼西亚岛屿便是复活节岛，这些文字的意义至今仍然是一个谜。

发现经过

1772 年，复活节岛被荷兰商船队长雅各布·罗杰温发现。1862 年，一支贩运奴隶的海盗船队从秘鲁出发，来此寻找挖鸟粪的工人。1000 多名岛民最终被他们掠走了，包括他们的国王凯莫考和那些能读懂称为“rongo – rongo”石板文字的老人。驻利马的法国领事最终将 100 多个被贩卖的岛民遣返回岛。但那时他们都已染上了天花，并且回去之后又传

染了其他的岛民。

文字的秘密

或许复活节岛文字的秘密就是随着这场灾难一起被埋葬了。1868 年，主教德帕诺・若桑得到一个带有奇怪符号的木简，上面的一些特殊文字没有人能解读，就是岛上的居民也不认识。而这个谜团恐怕以后也很难有人解开了。

知识大百科

天花是由天花病毒引起的一种烈性传染病，也是在世界范围被人类消灭的第一种传染病。

3. 复活节岛巨像建造之谜

是什么人、为了什么目的雕刻这些复活节岛上的巨大石像的？它们取材于何地，用何工具运到这里再将其竖立起来的呢？这些谜团，一直萦绕在人们心中。

巨像文化的起源

挪威人类学家索尔·海尔达尔提出一个比较新的论点，他认为复活节岛的巨像文化起源于南美大陆。在对秘鲁和复活节岛分别进行了实地考察之后，索尔·海尔达尔还提出了一个强有力的论证，这就是在秘鲁维拉科察一地发现的石刻人像，其面貌特征与复活节岛上的石刻人像有着惊人的相似。由此可以断定，复活节岛的最早居民和岛上巨石人像的创造者是秘鲁人。经过长期的争论和多次实地考察，专家们比较多地认为，巨像文化的起源地应在波利尼西亚。

建造巨石人像的真正动机

无论秘鲁人也好，波利尼西亚人也罢，他们为什么要在岛上创造如此巨大与众多的人面石像呢？难道仅仅是后人为了纪念先驱者的“祖先崇拜”心理所致吗？心理学家认为有可能是为了对岛上出没的野兽或外来侵略者形成心理上的威慑，才把石像建造得如此巨大，而且个个都是威严可畏的样子。可是复活节岛的早期居民建造巨石人像的真正动机，没有人能准确地说出。

知识大百科

根据《圣经·新约全书》记载，耶稣被钉死在十字架上，第三天身体复活，复活节因此得名。复活节是基督教最重大的节日之一。

第四章

迷雾般的金字塔文明

1. 探秘埃及金字塔

古埃及灿烂的文明震惊了世界，许多学者、冒险家、古董商接踵而来研究、挖掘、盗卖。毫无疑问，在许许多多的古迹中，最引人注目的是金字塔。金字塔是古埃及文明的杰作，是埃及国家的象征、埃及人民的骄傲。

近代埃及的考古学

近代埃及的考古学是从 1798 年法国入侵埃及以后开始发展的。拿破

仑的 170 多名随军学者对埃及的社会生活做了广泛的调查，收集了大量资料，整理出版了一本题为《埃及志》的图书版画集。同时在拉希德河入海口，一位法国军官发现了拉希德石碑，经法国学者商伯良破译，古埃及象形文字的内容终于为人所知。

金字塔的建造

有人认为：胡夫大金字塔是外星人建造的，而不是古埃及人造的；还

有人认为：胡夫金字塔是由失踪了的亚特兰蒂斯岛先民所造。真相究竟如何，对于现代的人来说仍然是个谜。由于缺乏史料记载，有关金字塔的许多疑团很长时间以来一直难以解释，探索和研究金字塔还在继续向着广度和深度开展。

知识大百科

象形文字是指利用图形来做文字，而这些文字又与所代表的东西在形状上很相像。一般而言，象形文字是最早产生的文字。

2. 金字塔的用途谜团

虽然金字塔是作为埃及法老的陵墓来修建的，可是仍然有许多现象值得人思考。关于金字塔的用途，人们也是议论纷纷，莫衷一是。

与外星进行通信

在一年之中特定的某几天，当太阳照在著名的吉萨高地金字塔顶上的条纹大理石板上的时候，其反射到空中的亮光在月亮上都能清楚地看到。这难道是与外星进行通信联络的方式？

金字塔是发电厂

埃及著名的金字塔研究专家阿兰·F·阿

尔福德在他的新书《新世纪的奇迹》中——列出证明他新理论的证据：当尼罗河水被引到金字塔边的时候，水最先淹进金字塔的地下室，这些水被抽进王后墓室里燃烧，从而释放出巨大的热能。那么，在这里建造如此巨大的“电厂”有什么用途？埃及的古谚语说过：“金字塔是光明之顶，是巨大的眼睛。”难道说，金字塔是一种为了给遥远的宇宙航行指明方向的“雷达”吗？

知识大百科

雷达概念形成于20世纪初，意为无线电检测和测距，是利用微波波段电磁波探测目标的电子设备。雷达所起的作用和眼睛相似，当然，它不再是大自然的杰作，同时，它的信息载体是无线电波。

3. 金字塔巨石是人造混凝土吗

在埃及，有七八十座大大小小的金字塔，胡夫金字塔是其中最大的一座。该塔高约 146.5 米，共用了 230 万块巨石。人们一直存在种种疑问，这些石块是怎样开采、运送的？金字塔又是怎样堆砌的呢？

巨石是人造的

近日，科学家约瑟·大卫杜维斯提出了他惊人的见解：金字塔上的巨石是人造的。借助显微镜和化学分析的方法，大卫杜维斯认真研究了巨石的构造。根据化验结果，他得出这样的结论：金字塔上的石头是用石灰和贝壳经人工浇筑而成的，其方法类似今天浇筑混凝土。

论断是否可信

鉴于现代考古研究业已证实人类早在数千年前就知道如何制作混凝土，一些科学家认为，大卫杜维斯的论断颇为可信。但少数学者对此提出了质疑，既然开罗附近有许多花岗岩山丘，那么古埃及人为什么要舍此而去用一种复杂的操作方法来制作那么多的石头呢？看来，金字塔之谜并未完全“破译”，还有待人们进一步去研究、探索、发现。

知识大百科

花岗岩是一种火山爆发的熔岩且受到相当大的压力在熔融状态下隆起至地壳表层的构造岩，在地壳表层形成中，又缓慢地移动并冷却下来。

4. 埃及金字塔的年代之谜

关于金字塔的年龄，虽然人们也做出过一些推测，可总是不满现状，要想方设法追求完善，希望能够确切知道金字塔的建造年代。因此金字塔的建造年代一直困扰着考古学家。

金字塔的年龄

通过分析古代文献，一些考古学家得出了金字塔建于4500年前的结论。对埃及金字塔始建年代的这一结论可能有100年的误差。英国古埃及学家凯特·斯彭斯以天文学为基础算出奇阿普斯大金字塔应建于公元前2478年，正负误差仅为5年。因此，根据凯特提出的“天文学”理论，奇阿普斯大金字塔建造至今已有4500年。

凯特·斯彭斯的测算方法

凯特·斯彭斯的方法之所以非常重要，原因有二：第一，它与有关埃及金字塔年代的复杂观念不矛盾，75年完全在根据古代文献测定金字塔年代的误差范围之内；第二，对于反对埃及金字塔和狮身人面像建于比现在公认的年代还要早几千年的观点，它可以作为补充证据。

知识大百科

狮身人面像，又称斯芬克斯，坐落在开罗西南的吉萨大金字塔近旁，是埃及的著名古迹，与金字塔同为古埃及文明最有代表性的遗迹。像高21米，长57米。

5. 无法解释的金字塔建筑技术

埃及金字塔是建筑史上的伟大奇迹。对于金字塔的建筑技术，人们有着许多疑惑，然而却一直没有准确的解释。那些古老的石墓穴，其精确程度毫不逊色于今天的建筑。

乔普斯金字塔

在众多的金字塔中，乔普斯金字塔更是特别。乔普斯金字塔的高度乘以 1000 万以后，即 9800 万英里，正好是地球到太阳之间的距离。这一事实，不知是否可以说明问题？子午线通过金字塔，正好将陆地和海洋分为相等的两半，也是真的吗？金字塔的地基周长除以其高度的两倍，即得出著名的 π ＝ 3.14159 这一数字，难道这真是巧合？

如何建造金字塔

关于金字塔是如何建造、为什么建造和什么时候建造的，我们所知不多。一座 150 米高，650 万千克重，屹立在那里的金字塔，是一件令人称奇的杰作，这个纪念碑似的高大建筑，留给世人数不尽的谜团。

知识大百科

子午线也叫经线，是在地图上连接两极的线，表示南北方向。经线和垂直于它的纬线构成地球上的坐标即经纬网。地球上任何一个地方的位置都可以用一条经线和纬线的交叉点来表示。所有的经线长度都相等。

6. 金字塔建造之谜

在埃及境内，有上百座大大小小的金字塔。金字塔虽经历千年侵蚀，人们也很难将一把锋利的刀刃插入石块之间的缝隙。古埃及人何以有这么精湛的建筑技术?

胡夫金字塔

以金字塔中最大的一座，即第四王朝法老胡夫的金字塔为例，胡夫金字塔除了以其规模巨大而令人惊叹以外，还以其高超的建筑技巧而闻名于世。这座大金字塔原高 146.59 米，经过几千年的风吹雨打，顶端已经被剥蚀了将近 10 米。

关于金字塔建造的种种说法

对于金字塔如何建成的有千百种说法，其中最典型的说法有：1. 百万奴隶劳作的结果。2. 地外文明的杰作。研究飞碟和地外文明的人认为，这是外星人在地球上建的根据地。3. 失落文明部落的遗产。持这一部分观点

的人认为，这是人类上一次文明在社会灭亡后的遗产。4. 混凝土浇筑的结果。2000年，法国人约瑟·大卫·杜维斯提出了他惊人的见解：建造金字塔的石头是用石灰和贝壳经人工浇筑混凝而成的，其方法类似今天浇筑混凝土。

知识大百科

飞碟，是指未经查明的空中飞行物，国际上通称UFO，俗称飞碟。据目击者报告，不明飞行物外形多呈圆盘状、球状和雪茄状。

7. 神奇的“金字塔能”

在研究金字塔的世界浪潮中，学派越来越多，说法越来越多，也越来越离奇，被它吸引的人也日益增多。有人认为金字塔形的构造使其内部产生着一种无形的、特殊的能量，故称之为“金字塔能”。

金字塔能的神奇功效

据说，金字塔能有许多用途和奇特的功效。如果把一枚锈迹斑斑的钢针放进金字塔，不久，钢针就会变得闪闪发亮；假如把一杯鲜奶放进金字塔，24 小时后取出，味道仍然鲜美如初；如果你头痛、牙痛，就到金字塔去吧，一小时后，就会消肿止痛；如果你神经衰弱，疲惫不堪，到

金字塔里去吧，几分钟或几小时后，你就会神采奕奕。之后，有人做了金字塔模型，发现只要正对南北就会收到同样的效果。

会利用微波的法老

有的科学家认为：金字塔的内部结构是一个较好的微波谐振腔体，微波能量的加热效应可以杀菌，并且使尸体脱水，而在这个腔体中，可以充分发挥微波的作用。可是 4000 年前的法老是怎么知道利用微波的呢？至今人们也不知道这个谜的答案。

知识大百科

微波是指频率为 300MHz 到 300GHz 的电磁波，是无线电波中一个有限频带的简称，即波长在 1 米（不含 1 米）到 1 毫米之间的电磁波，是分米波、厘米波、毫米波的统称。

8. 令人困扰的法老神秘咒语之谜

难道法老的咒语真的能显灵吗？研究埃及金字塔的学者们一直被这个问题困扰着。一直以来，图坦卡蒙法老的墓穴都披着一层神秘的外衣，没有人确切地知道它的一切。

图坦卡蒙的墓穴

1916 年，两位英国考古学家卡特和卡尔纳冯伯爵一起来到图坦卡蒙法老陵墓的所在地，开始了艰巨的挖掘工作。在一年多的辛苦挖掘之后，终于找到了图坦卡蒙法老的墓穴。

图坦卡蒙墓美妙绝伦。在他们进墓穴之前，就已发现墓穴的入口处贴着一条十分可怕的咒语："死亡将会降临侵扰法老王安眠的人。"谁也没有料到，此后厄运和灾难接连不断地出现在卡特博士及卡尔纳冯伯爵的周围。

死亡咒语

首先是卡特的合作者卡尔纳冯伯爵，他为发掘图坦卡蒙陵墓拿出巨额资金。在一次刮胡须时，他用刀片割破了肿块。谁料这处不起眼的刮伤竟然导致了败血症，威胁到了他的生命。在住院期间，他时常梦魇，嘴里说着“图坦卡蒙”“法老王”“饶恕我”之类的呓语，最后，他带着一脸的恐惧去世。法老的咒语也因此变得越来越神秘了。

知识大百科

咒语是一种迷信行为，多见于古时，是一种巫术行为。语言禁忌发展到极点，达到灵物崇拜程度，就可能形成咒语。

9. 复杂的木乃伊制作过程

古埃及人相信人的生死轮回，人在死后灵魂还会继续存在，认为完整的尸体是灵魂来世栖息的必要场所。因此，他们不惜人力、物力制作木乃伊以求得永生。

木乃伊的制作

木乃伊的制作是个很复杂的过程。首先，他们用一种特制的有倒钩的金属工具从鼻腔伸入，使鼻腔裂开一个小孔，但又不能使整个头骨破裂。然后把棕榈酒从鼻孔倒入，用一个细长的工具伸入脑中搅拌，脑髓会充分溶解于棕榈酒，然后翻转尸体，棕榈酒和溶解后的脑髓从鼻孔流出，整个脑壳就清洗得很干净。

木乃伊的包扎

接着将清洗好的尸体剖腹，取出五脏，用香料和酒精清洗腹腔，并填

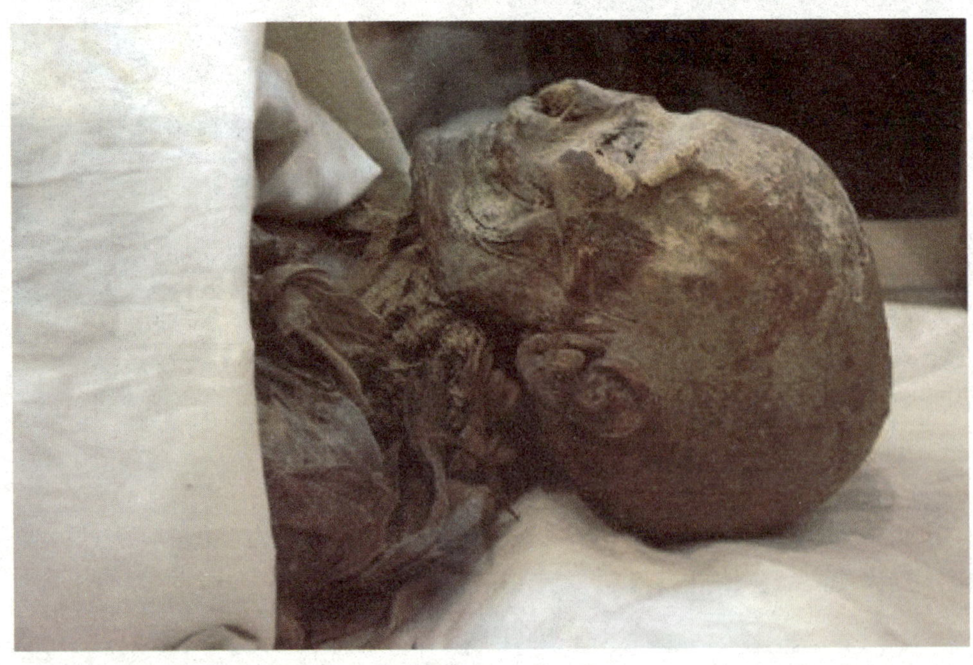

入防腐药物，再缝合刀口。刀口缝合后，再将尸体浸泡在天然的碳酸钠溶液中。70 天之后，制作师取出尸体进行清洗，涂上油膏和香料，用大量的亚麻布包裹严密，外面涂上树脂。包扎时，从手指和脚趾开始，然后是四肢、全身。其间，要特别小心防止指甲脱落。腹部的切口处盖上布，它象征荷拉斯“完好的眼睛”。这样包裹好的木乃伊，保持着脱水前的形状。这样，一具木乃伊就基本制作完成了。

知识大百科

碳酸钠，具有刺激性和腐蚀性。是重要的化工原料之一，用于制化学品、清洗剂、洗涤剂，也用于照相和制医药品。

10. 墨西哥金字塔之谜

一座充满神秘色彩的巨大金字塔，矗立在墨西哥中部古城多提哈罕的废墟上。这座被称为太阳金字塔的建筑高 63 米，是当时世界上最繁荣的多提哈罕这座大都市的中心。但就在 1500 年前，多提哈罕地的居民却突然放弃了这座城市。

弃城的原因

人们为什么突然弃城呢？几百年来，考古学家们就一直在研究这座古城的废墟，希望能从中得到曾经生活在那里的人们的一些信息。很多科学家相信太阳金字塔内可能藏有重要的遗物，但却一直没能揭示出太阳金字塔到底有何秘密，而有关人们弃城的原因也一直没有被发现。

探索金字塔

通过一个非比寻常的实验，物理学家有望测定太阳金字塔内可能存在

的墓室或藏宝室。他们在金字塔下面建立了一个实验室，利用高能粒子来探测太阳金字塔的内部结构。而在过去的 100 年里，考古学家们在这座沙石堆砌而成的太阳金字塔上打了两条通道，但却没有发现任何墓葬。

知识大百科

墨西哥是美洲大陆印第安人古老文明中心之一，闻名于世的玛雅文化、托尔特克文化和阿兹特克文化均为墨西哥古印第安人创造。墨西哥是仙人掌的故乡，享有“仙人掌王国”的美誉。

11. 木乃伊头上的“弹孔”之谜

纳斯佩雷纳卜是3000年前古埃及赫赫有名的祭司。大英博物馆的考古学家们最近首度运用最新技术对他的木乃伊进行了3D拍照，结果发现在他的头部有一个无法解释的“疑似弹孔”！

神秘的洞孔

考古学家们发现，有一个神秘的洞孔在纳斯佩雷纳卜的左眼上方的骨中。大英博物馆古埃及与苏丹文物保护处助理保管员泰勒不解地说：“这跟木乃伊处理没有任何的关系，我们不知道什么样的武器才能导致这样的结果！”俄罗斯《真理报》随后报道称：“古埃及祭司死于枪杀，其头部的弹孔无法用其他原因进行解释！”

洞孔的成因

不过，这一说法遭到多数科学家的怀疑，“太耸人听闻了，怎么可能呢？那样的说法毫无依据，因为孔洞形成的原因非常多，不一定就是火器所致。”可是要知道，人类在 14 世纪初才发明了发射火药的枪支，17 世纪初才制成最早的发射子弹的火绳枪，现代步枪的出现更是 19 世纪的事。泰勒后来谨慎地表示，纳斯佩雷纳卜可能是死于肿瘤，恶性肿瘤可能导致他头骨穿孔。

知识大百科

祭司，源于古埃及。古埃及的祭司不是为预测占卜或者与某位神明保持和谐关系而存在。其职责是，由于法老自视为神，他们就被看成是法老的代表，负责维持埃及社会的良好秩序。

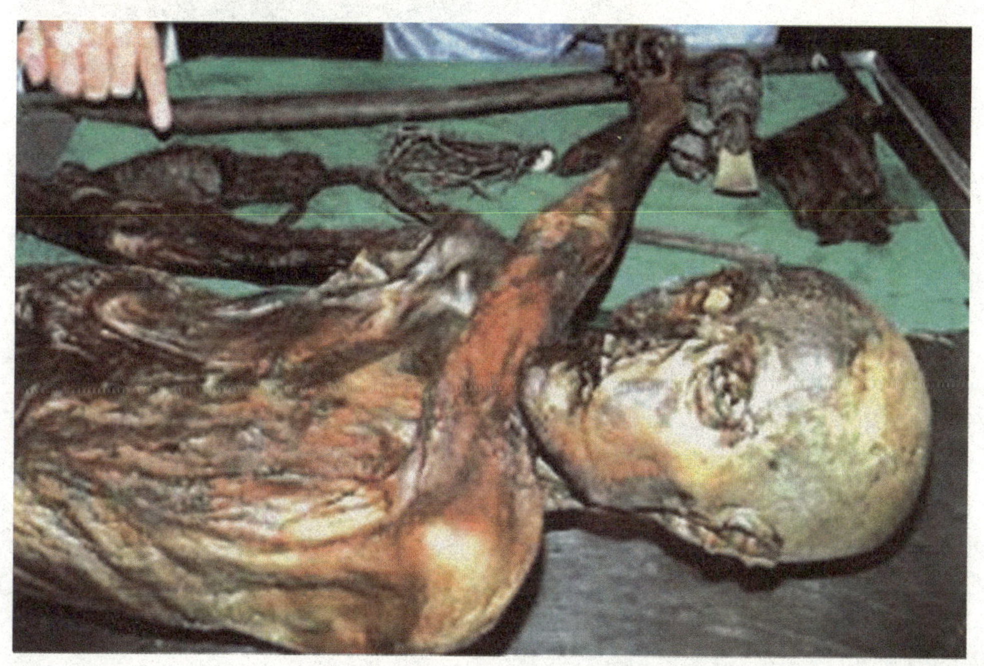

12. 秘鲁木乃伊之谜

印加帝国建于公元1100年左右，1532年时被西班牙军队征服。400多年来，印加帝国为后世留下了许多惊人的文明史迹。

印加人的木乃伊

最近在秘鲁首都利马一个贫民窟的地下，考古学家发现数千具古代印加人的木乃伊，许多仍然戴着标志他们所属阶级的羽毛头饰。研究人员认为，通过这次发现有可能揭开环绕印加文明的神秘面纱。

丰富的墓葬品

据介绍，这次出土了大量陶瓷、兽皮，共有 5 万多件手工艺品，甚至还出土了用于制造发酵饮品“玉米酒”的玉米。考古学家相信，葬礼是于 1480 至 1535 年间举行的，该地点就是印加的中央墓地。这里的木乃伊代表了印加人广泛的生活层面，从婴儿到老年人，从贫困潦倒的到家财万贯的，是解开印加之谜的史无前例的良机。

知识大百科

文明之谜一：印加人不知用铁器，无车无马，却能用石头建城堡。

文明之谜二：印加人能制作白金饰品，其精美灵巧，令现代工艺也自叹弗如。

文明之谜三：印加人只有结绳文字，但却在“大神像”上用符号记录了大量精确的天文知识。

第五章

《圣经》中的文明

1.《圣经》中的谜团

古代人讲到神灵降下的灾难时，可能想到大火、雷电、洪水和瘟疫，但他们又如何能准确地凭空想象出某种高科技武器造成的毁灭性后果呢?

被毁灭的城

在《圣经》的《旧约全书·创世纪》第十九章中，有一段能引起很多人兴趣的描写：上帝要毁灭两座罪恶之城——所多玛和娥摩拉，于是他派了两名天使来通知罗德带着全家逃离这里。天使带领罗德家人出了城，对他们说："逃命吧。不可回头看，也不可在平原站住，要往山上逃跑。"他们逃出之后，"当时耶和华把那些城和平原都毁灭了。罗德的妻子回头

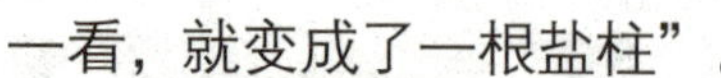

一看，就变成了一根盐柱”。

上帝的武器

用什么武器能使上帝在瞬间把两座城彻底毁灭？直到 1944 年日本的广岛和长崎被美国的原子弹炸成废墟之后，有些人重看这段文字，才恍然大悟：只有原子弹才能一下子毁灭整座城市，只有原子弹爆炸的光辐射才能对人造成致命的杀伤，只有原子弹的爆炸才能形成那冲天而起的巨大烟云团。

知识大百科

原子弹主要是利用核裂变释放出来的巨大能量来起杀伤作用的一种武器。它与核反应堆一样，依据的同样是核裂变链式反应。

2. 耶稣的尸骨之谜

法国金石学家安德鲁·勒迈尔又向世人呈现了一条能够证明耶稣在历史上确有其人的证据：耶路撒冷附近发现的一个距今2000年的骨瓮，上面的铭文写着："雅各，约瑟之子，耶稣的兄弟。"

耶稣的骨瓮

在这个最新发现的20英寸长的石灰石骨瓮上，特殊的字迹和花纹又将它的确切时代限制到了耶路撒冷被毁前的数十年。这样一来，所有证据就都指向了那个《新约全书》中的拿撒勒人——耶稣。

辨别真伪

对于勒迈尔推测的可靠性，并不是没有人质疑。毕竟在那时，雅各、约瑟或是耶稣都不过是常见的犹太人名字。然而，勒迈尔的解释也自有道理。首先，虽然依照犹太人的风俗，死者父亲的名字也会出现在骨瓮的铭文上，但同时也出现其兄弟的名字的情况却并不多见。这很可能是因为，

他的兄弟是一个非常有名的人物，而死者和其亲属希望在铭文中提醒大家这一血缘关系。

知识大百科

骨瓮，盛行于公元前2世纪到公元1世纪期间犹太人独特的丧葬风俗。那时，犹太家族通常在尸体入墓一年后再收集其尸骨，放入骨瓮中改葬。这些骨瓮上往往铭刻有图案作为装饰，还刻有死者的姓名。

3.“巴别塔”之谜

据《圣经》记载，大洪水过去之后，巴比伦人想要建造一座高塔，上帝知道后，就让人们说不同种类的语言，使人们彼此无法交流。这样，这座通天塔就一直未能建成，人们也分散到了世界各地。这座塔就是巴别塔。

重建巴别塔

大约在公元前460年，古希腊历史学家希罗多德曾游历了巴比伦城。看见巴别塔的废墟时，他惊叹不已。公元前331年，亚历山大大帝曾想重建巴别塔，但是最终由于耗资巨大也放弃了。

巴别塔的作用

对于巴别塔的作用，人们有种

种不同的解释：有人认为巴别塔是古巴比伦人的天文观测台；有人则根据斯特雷波的记载，认为这塔是古巴比伦城之神马杜克的象征式坟墓；更多的人认为，它不是神的坟墓，而是供诸神下凡的落脚之处；还有人认为它就像埃及的金字塔一样，是古代帝王的陵墓。

可是直到如今，人们仍然未能进入巴别塔的内部。因此，巴别塔里面是否藏有陵寝与密室，以及建造巴别塔的用途，人们一直不知道。

知识大百科

天文观测台主要是进行天文观测和研究的机构，世界各国天文台大多设在山上。一般房屋的屋顶，不是平的就是斜坡形的，唯独天文台的屋顶与众不同，是圆形的。

4. 耶稣之谜的新突破

耶稣是真的存在过，还是只是人们杜撰的角色，一直是为亿万人所关注的千古之谜。1990 年，由于一次偶然的发现，使这个谜的破解出现重大进展。这就是该亚法家族坟墓的发现。这个坟墓隐藏在耶路撒冷郊区的一座古老墓穴之中。

耶稣的审讯

该亚法是犹太的大祭司，他曾主持了对耶稣的审判，并把耶稣交给罗马，导致耶稣被钉在了十字架上。该亚法因此也成为历史上最遭世人唾骂而且是不可思议的人物之一，史学家们常常把他描绘成一个心狠手辣、贪图权势，无耻献媚于罗马总督本丢·彼拉多的人。

关于该亚法

该亚法是以色列最为重要的一个大祭司，而且他同罗马总督彼拉多的关系非同一般。有关该亚法判处耶稣死刑的目的、他在审判耶稣中起的作

用以及他为什么献媚于罗马人的学术争论，近两千年来从未间断。有些史学家则认为，他在历史上只起了微乎其微的作用；而另外一些史学家则说，这位大祭司在耶路撒冷非常受人尊敬，他完全能够使耶稣免于一死。然而，不管争论的结果如何，如果该亚法家族墓地说真的能够确立，那么耶稣确有其人的观点又多了一个重要的证据。

5. 夏娃与亚当

《圣经》上宣称，上帝用泥土造了人，取名为亚当，并用亚当的肋骨造出他的妻子夏娃，让他们生活在伊甸园中。由于他们的繁衍生息便出现了人类。而这种“上帝造人”的说法，在达尔文创造生物进化论学说之后，已经被人视为无稽之谈了。

DNA 都来自母亲

20 世纪 70 年代末，美国加州大学的一位科学家提出了一种与此相关的新见解。现代生殖学业已证实，在高等动物的受精过程中，精子中的线粒体 DNA 是不能进入受精卵的，人类细胞的线粒体 DNA 都来自母亲。那么，人类可能来源于同一个母系。

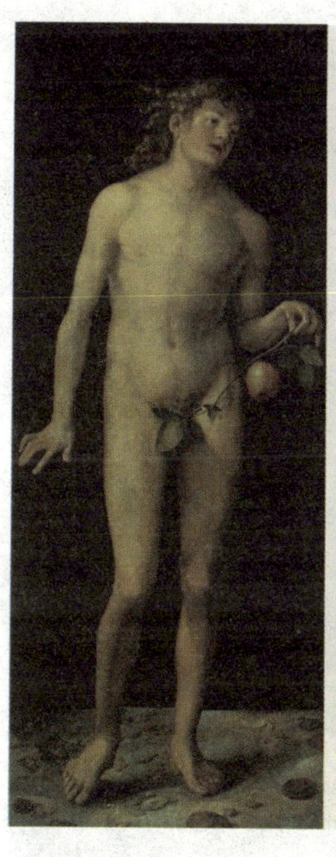
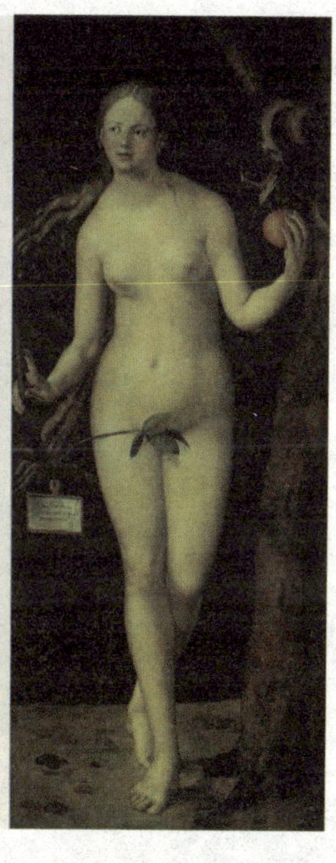

夏娃理论

据此，美国加州大学伯克利分校的威尔逊遗传小组选择了 147 名妇女，她们分别来自非洲、欧洲、中东、亚洲以及几内亚和澳大利亚等地方。研究发现全人类线粒体 DNA 基本相同，差异微乎其微，平均歧异率只有 0.32% 左右。因此，从逻辑上说，现代各民族居民的线粒体 DNA，最初都是一个共同的女性祖先遗传下来的，这个妇女就是全世界现代人的祖先。威尔逊说：“我们可以将这位幸运的女性称为‘夏娃’，她的世系一直延续至今。”这一理论也就被称为“夏娃理论”。

知识大百科

DNA 又称脱氧核糖核酸，是染色体的主要化学成分，同时也是基因组成的主要成分，有时被称为“遗传微粒”。DNA 是一种分子，可组成遗传指令，以引导生物发育与生命机能运作。

6. 诺亚方舟发现之谜

按照《圣经·旧约全书·创世纪》的说法，上帝看到人类越来越放纵不羁和不思进取，而且犯下了许多不可饶恕的罪行，于是，上帝决定用一场巨大的洪水来毁灭人类，重新创造一个世界。

建造方舟

上帝知道有个叫诺亚的人勤劳正直、心地善良，便让他用歌斐木制造一个大方舟，带上各种动物，每种动物雌雄各 7 只，躲进方舟。方舟制好后，连下了 40 天倾盆大雨，地上的一切都被水冲走了。等洪水退去后，诺亚一家及所带的动物便从方舟里出来，重新改造洪灾过后的世界。

寻找与求证

一直以来，人们都在试图找到诺亚方舟。1883 年，一次大地震使阿

拉拉特山脉的一个地段开裂了，开裂处露出了一条船。当时，有个赴阿拉拉特山区考察和评估地震灾情的委员会，委员会的所有成员都亲眼看到过那条大船。人们确信那就是诺亚方舟。这个消息震惊了全世界。其后，对诺亚方舟的探索研究更加深入了，找到的证据也基本和《圣经》中说的相符。

知识大百科

《圣经》，是基督教的经典书籍，分为《旧约全书》和《新约全书》两部分，记载了上帝创造世界、人类犯罪、关于世界的预言以及耶稣基督和其门徒的言行与早期基督教的事件等信息。

7. 示巴女王与她的神秘国度之谜

经过学者们长期考察和新的考古发现证明，示巴古国存在的问题已不再是虚无缥缈的传说，而是事实了，并且已经找到了可靠的证据。但失落的示巴文明这个历史之谜，还有待于人们继续探究。

女王拜见以色列国王

《旧约全书·列王记》中有这样一段记载：公元前 10 世纪中期，在国王所罗门治理下的以色列王国国泰民安、兴盛至极。异国君主示巴女王

因仰慕所罗门的智慧和英名，在庞大的扈从陪同下带着香料、宝石和黄金，浩浩荡荡地抵达耶路撒冷，拜见以色列国王。她向所罗门表示敬意，献上厚礼。

示巴女王之谜

可是这位女王究竟来自何方？出身于哪个民族？对此却无人知晓。人们总想找到关于她的蛛丝马迹。传说中，示巴女王美丽而聪颖，所罗门王威武而机智。两人一见如故，都被对方的容貌和才智所深深吸引，产生了爱恋之情。

知识大百科

在近代文学作品中，也不乏对示巴女王的想象与描写，又同样是褒贬不一。在19世纪法国小说家福楼拜的笔下，示巴女王是诱惑隐士的邪欲的化身，而在20世纪著名诗人叶芝的诗中，女王的才智和品德又成了被赞美的主题。

第六章

神秘的亚特兰蒂斯文明

1. 寻觅大西洲

在西方世界的种种谜团中，关于亚特兰蒂斯——大西洲的传说是最能引人遐想的。千百年来，人们一直怀着浓厚的兴趣，寻找着关于它的蛛丝马迹。

柏拉图的记录

早在公元前350年，柏拉图在他著名的《对话录》中写道：远古时代，海峡彼岸有岛，人称其为“大力神天柱”。岛的面积比小亚细亚和利比亚之和还大……岛名亚特兰蒂斯，岛上有一个伟大而美好的王国。

数以千计的凹陷

1930年，在对北美大西洋沿岸进行的一次航空测量中，测量人员发现，南卡罗来纳州查理斯顿市附近的海岸，如同一个弹痕累累的战场，地

面上布满了大约3000个圆形和椭圆形的洞口，它们很像是来自西北方上空的许多巨石袭击的结果。另外，从海底地形上发现，有两个深达9000米，方圆约70万平方公里的凹陷地带在波多黎各岛附近，地理上称它为波多黎各地沟。这些巨大的海底地沟和那数以千计的凹陷痕迹究竟是什么原因造成的呢？

撞击地球的行星？

对于这些凹陷、地沟与柏拉图的记载，史学家墨克大胆地把它们联系了起来。他认为大约11000年以前，有一个绕太阳做不规则运动的危险星团。这个星团中有一颗小行星A突然脱离星团，它像一枚巨型火箭，以

雷霆万钧之势，从西北方向扑向地球。就是这个小行星A给地球带来了无数灾难：地震、全球气候变化、洪水以及亚特兰蒂斯的沉没。

历史的哑谜

经过很长时间，人类才从这场浩劫中恢复过来。当人类重建文明的时候，柏拉图笔记里记载的亚特兰蒂斯岛，已经成为神话一般的名字。以前留下的文明早已荡涤殆尽。于是，亚特兰蒂斯岛就成了历史的哑谜。看来，人类需要艰苦地积累用来探索海洋深处和发现天体中出轨的行星所依据的科学知识。到那时候，亚特兰蒂斯沉岛之谜或许才能为人所知。

知识大百科

行星，是围绕恒星运转的天体，自身的吸引力和自转速度平衡使其呈圆球状，公转轨道范围内不能有比它更大的天体。一般来说，行星的直径必须在800千米以上，质量必须在5×10^{20}千克以上。

2. 亚特兰蒂斯的古老传说

几千年来，在美洲、非洲和欧洲民间，广泛流传着一个很古老的传说：相传在遥远的古代，地球上有一块独特而神奇的大陆——大西洲，那里气候温暖，土地肥沃、森林茂密、风景绮丽。在大西洲上，有一个历史颇为悠久、具有高度发达文明的神秘古国——亚特兰蒂斯王国。

人间天堂般的王国

古代传说亚特兰蒂斯是“人间天堂”“乐园”，那时地球上有猿类以及从猿到人过渡阶段的生物，因此，亚特兰蒂斯古国不可能由地球上的人类创建，只能是“天外来客”——外星人建立的；亚特兰蒂斯人不可能是地球上土生土长的人种，只能是来自遥远星球的人种。

论变突

目前，西方有些学者提出了一种观点：地球上早期猿人可能是300多万年前由亚特兰蒂斯人与古猿相交配而产生出来的。法国内克尔医院细胞遗传实验室主任格鲁希博士对早期猿人起源问题经过长期的研究之后，从染色体着手，解释从猿变成人的突变过程。法国学者首先对细胞的变异进行了研究，之后其他学者又将“突变论”深入到遗传、进化等方面，用来研究新物种起源的突变现象。染色体在不同的生物中，数目、形状和大小是不同的，而在同一种生物中则是严格确定的。古猿的染色体有24对（共48条），其中23对是常染色体，1对是性染色体。可是，有些古猿由于偶然变异，以致少了1条常染色体，一共只有47条染色体。它们与亚特兰蒂斯人相交配，就产生了具有23对染色体的早期猿人。

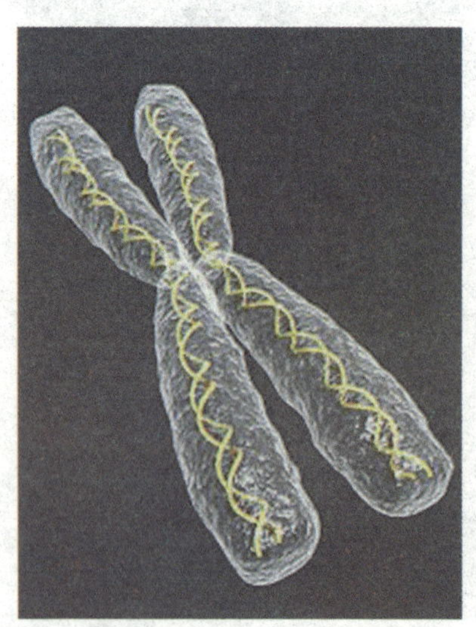

人类起源的谜团

上述说法是否正确合理，尚有待进一步探讨。然而人类具有100多万年的历史，在这100万年间，人类不断进步，文明不断演进。可是，若回顾人类的进化过程时，就会发现，在许多情形下基因突然发生了大变化，而其原因现在仍无法解释。但关于人类起源的谜团，在人类的努力下一定会得以破解的。

知识大百科

猿人是人类的祖先。猿人的头颅、面貌像猿而四肢却很像人，已会直立行走。他们中间有的人已懂得使用火，并以洞穴为家。他们的生活十分艰苦，使用比较粗糙的石斧和其他类型的砍砸器。

3. 无与伦比的亚特兰蒂斯文明

人们可以从柏拉图的《对话录》中了解到亚特兰蒂斯的文明，也可以从著名的预言家凯西的催眠透视中，了解更多的、更详细的关于亚特兰蒂斯的文明。

能源系统

在亚特兰蒂斯文明中，最令人瞩目的科学成就就是能源系统。它被设置在波塞冬太阳宫的中央能源所内，组织出 20 世纪人类尚未知的“宇宙能源”，将它集中、增强，以不可直视的强光向世界传播。据传说，亚特

兰蒂斯人不只将那光线发展成动力及热源，它还能使人体再生及返老还童，使亚特兰蒂斯人无忧无虑、快快乐乐地生活于那个天堂里。

亚特兰蒂斯文明真的存在吗?

人们对亚特兰蒂斯文明是否真的存在仍有疑问。有人认为亚特兰蒂斯可能就是克里特岛上的迈诺斯文明。当时克里特帝国势力强大，控制古代地中海一带，后来发生了一次火山大爆发，火山先喷出大量致命的灰尘，然后发生惊天动地的爆发，继而发生海啸和地震。近年考古学家在圣多里火山遗址发现大量迈诺斯人的文物，这一种说法就受到更多人的支持了；另一种说法提出，亚特兰蒂斯只是虚构出来的一个神话，根据《对话录》的记载，亚特兰蒂斯拥有高度文明，国家富强，后来开始四处入侵其他国家，

最后整个亚特兰蒂斯因大灾难消失。这个故事可能只是一种寓言，它所要说明的道理就是本来正直善良、繁荣安定的社会，一旦开始腐败、触怒上帝，就会有这样的后果。

知识大百科

波塞冬是克洛诺斯与瑞亚之子、宙斯之弟，地位仅次于宙斯，是希腊神话中的十二主神之一。后来，波塞冬成为伟大而威严的海王，掌管环绕大陆的所有水域。